Ethik

Grundschule Bayern

1/2

Ein Schülerbuch für das 1./2. Schuljahr

Ausgabe Bayern

Erarbeitet von

Angelika Ziegler, Großostheim

Unter Beratung von

Dagmar Voßkühler, Kitzingen

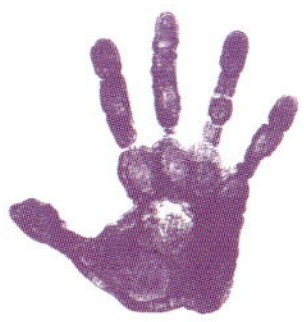

Cornelsen

Ethik Grundschule
Schülerbuch für das 1./2. Schuljahr
Erarbeitet auf der Grundlage der Ausgaben von: Udo Balasch, Ute Böhlig, Manfred Pollert, Friederike Taut-Müller, Thomas Trautmann und Brigitte Wegener

Redaktion: Kirsten Pauli
Illustrationen: Uli Waas und Hilde Heyduck-Huth (S. 5, 18, 35, 51, 74, 85)
Fotos: Cornelsen Verlag (Henrik Pohl, Peter Wirtz, Klaus Wagener, Marek Lange)
Notensatz: Kontrapunkt Satzstudio Bautzen
Umschlaggestaltung: Sylvia Lang / Umschlagfoto: Peter Wirtz
Lay-out: Katharina Wolff / Gestaltung: Saskia Klemm / Technische Umsetzung: Ralf Franz

Bildquellenverzeichnis

S. 6 Jürgen Junker-Rösch, Berlin. S. 9, 19 (oben), 33 Henrik Pohl, Berlin. S. 19 Action press (unten links); Corel-Library (unten rechts). S. 29, 36, 41, 71 (?), 77 Peter Wirtz, Dormagen. S. 32 Marek Lange, Berlin. S. 33, 50 (Mitte links) © VCL Bavaria. S. 37 Klaus Wagener, Balge. S. 46, 47, 50 (oben, Mitte rechts, unten), 78, 79, 86 (links oben, rechts unten), 87 (links oben) Corel-Library. S. 52 Manfred Pollert, Münster (rechts oben); Bilderberg, Hamburg (links oben und rechts unten Hans-Jürgen Burkhard); IFA-Bilderteam, München (Mitte links Fried). S. 53 Bavaria Gauting (links oben Gaiser, Mitte PRW); E. Oellermann, Heroldsberg (Tafelgemälde des Hochaltars der Schwabacher Stadtkirche St. Martin – rechts oben); Jürgens Ost und Europa-Photo, Berlin (links unten); IFA-Bilderteam, München (rechts unten Kohlhas). S. 56/57 Angelika Ziegler, Großostheim. S. 62 The Stock Market (David Pollack). S. 63 The Stock Market (© Kim Robbie oben; © Ariel Skelly unten). S. 64 Deutsch, 16. Jh., Der hl. Martin teilt seinen Mantel mit einem Bettler. Zürich, Galerie Koller. Artothek. S. 65 Zefa, Düsseldorf - Idem, M.S. 67 Zefa, Düsseldorf (oben); © KNA-Bild, Frankfurt (unten). S. 68 Die Bibel für Kinder, ausgewählt und erläutert von Josef Quadflieg. Bilder von Rita Frind. © Patmos Verlag, Düsseldorf. S. 70 Emil Nolde: Das Leben Christi 1911/12 Seebüll, Stiftung A. und E. Nolde. Artothek. S. 71 Focus, Hamburg (Urs Kluyver oben); F1 (unten). S. 72 Topkapi Palace Museum, Istanbul. S. 73 Thomas Schulz, Berlin (oben); foto present, Essen (unten Liedtke). S. 75 Mauritius Bildagentur, Frankfurt/M. (Mallaun). S. 80 © TCL Bavaria. S. 81 © Toni Angermayer, Holzkirchen. Foto: Hans Pfletschinger. S. 82 Tabea Pauli, Berlin. S. 86 Zefa, Düsseldorf (Wartenberg rechts oben, links unten). S. 87 Zefa, Düsseldorf (Wartenberg unten; G. Baden oben rechts). S. 94 IFA-Bilderteam (Connet).

Text- und Liedquellenverzeichnis

S. 8: Rolf Krenzer: Das ist ein Theater. © Rolf Krenzer, Dillenburg. S. 12/13: Kalle, Heiner, Peter. Rechte bei Gerhard Schöne, Berlin. S. 15: Text und Musik: Andreas Ebert: Kindermutmachlied. Aus: Andreas Ebert/Klaus Hannemann: Feiert Gott in eurer Mitte. Hänssler-Verlag, Neuhausen, 1979. S. 16/17: Isolde Stark: Vom Igel, der keiner mehr sein sollte. Aus: Der Kinderbuchverlag, Berlin 1983. S. 23: Christa Kozik: Mein kleiner Bruder (Gedicht gekürzt). Aus: Die Katze sitzt im Fliederbusch. Der Kinderbuchverlag, Berlin 1977. S. 26: Die Rechnung, frei nach Martin Haug in: Er ist unser Leben. J.F.Steinkopf Verlag, Stuttgart 1962. S. 29: Horst Bartnitzky: Kemal ist in meiner Klasse (Titel geändert). Aus: Ein Tag mit Timi. Klett Verlag, Stuttgart 1984. S. 33: Text: Rolf Krenzer/Musik: Ludger Edelkötter: Wir wollen miteinander gehn. Alle Rechte beim Impulse-Musikverlag, Drensteinfurt. S. 38: Christa Kozik: Ein Tag für mich allein (gekürzt). Aus: Hannelore Hilzheimer (Hrsg.): Schenk mir einen Tag. Der Kinderbuchverlag, Berlin 1983. S. 40: nach: Gabriele Seidenschwand-Weilbach: Tempo – Tempo, dalli – hopp! Rechte bei ÖBV Pädagogischer Verlag. Bearbeitet für Frohes Lernen 2. Klett, Leipzig 1998. S. 42/43: Niki lernt rechnen. Aus: Hans Bödecker/Irina Korschunow (Hrsg.): Die Kinderfähre. Union-Verlag, Stuttgart 1983. S. 44: nach: Gabriele Seidenschwand-Weilbach: Martin besucht Simon. Rechte bei ÖBV Pädagogischer Verlag. S. 45: Text: Gerhard Krombusch/Musik: Ludger Edelkötter: Zeit für Ruhe. Alle Rechte beim Impulse-Musikverlag Ludger Edelkötter, Drensteinfurt. S. 47: Eva Rechlin: In dieser Minute. Aus: Helmut Zöpfl (Hrsg.): Die schönsten Kindergedichte. Pfaffenhofen 1979. S. 48/49: Nur einen Augenblick nicht aufgepasst! (Titel geändert). Aus: Frohes Lernen, 2. Teil: Lesebuch – Ausgabe Bayern, Klett Verlag, Leipzig 1998. S. 50: Knister/Paul Maar: Alles kehrt wieder (Titel hinzugefügt). Aus: Knister/Maar: Frühling, Spiele, Herbst und Lieder. Otto Maier Verlag, Ravensburg 1981. S. 53: Wilhelm Willms: Aus der Luft gegriffen. Überarbeitet von Hubertus Halbfas. Aus: Religionsbuch für das erste Schuljahr. Patmos Verlag, Düsseldorf 1983. S. 59: Text: Patti Smith-Hill/dt. Text: Egon L. Frauenberger/Musik: Mildred J. Hill: Happy birthday. © 1935 by Cl. F. Summy & Co Chicago/Keith Prowse Music Public. Co. Ltd./Warner Chappell, L.A. USA für D: © Musikverlag Intersong GmbH, Hamburg. S. 60: Angela Sommer-Bodenburg: Meine Mama. Aus: Freu dich nicht zu früh, ich verlass dich nie! © Angela Sommer-Bodenburg. S. 61: Text und Musik: Dorothee Kreusch-Jacob: Ich schenk´ dir einen Regenbogen. Aus: D. Kreusch-Jacob: Rosen, Tulpen, Kieselstein. © Patmos Verla, Düsseldorf. S. 78: Helmut Zöpfl: Schön. Aus: Helmut Zöpfl: Eine ganze Welt voll Wunder. Auer-Verlag, Donauwörth 1990. S. 79: Max Bolliger: Worüber wir staunen. Aus: Max Bolliger: Weißt du, warum wir lachen und weinen? Verlag Ernst Kaufmann, Lahr 1977. S. 80: Text und Musik: Wolfgang Longardt: Gib uns Augen, gib uns Augen (Titel und Text geändert). Rechte beim Urheber. S. 84: Text: Rolf Krenzer/Musik: Ludger Edelkötter: Sieben Blumen auf dem Weg lagen dort verstreut. Alle Rechte beim IMPULSE-Musikverlag, Drensteinfurt. S. 90: Lene Mayer-Skumanz: Jakob ist traurig. Aus: ... weil sie mich nicht lassen. Herder Verlag, Freiburg 1977. S. 92: Max Bolliger: Was uns Angst macht. Aus: Max Bolliger: Weißt du, warum wir lachen und weinen? Verlag Ernst Kaufmann, Lahr 1977. S. 93: Max Bolliger: Was uns die Angst nimmt (Änderungen in den letzten beiden Versen). Aus: Max Bolliger: Weißt du, warum wir lachen und weinen? Verlag Ernst Kaufmann, Lahr 1977. S. 94: Mechthild zum Egen: Mut. Aus: Mücke, Heft 6–7, 1986. Universum Verlagsanstalt, Wiesbaden. S. 95: Hau ab du Angst. Cornelsen S. 96: Weiter sagen. Aus: Ursula Staudinger: Ich gehör nur mir. Veritas Verlag, Linz 1998.

Cornelsen online http://www.cornelsen.de

1. Auflage ✓ €   Druck 4 3 2 1 Jahr 04 03 02 01

Alle Drucke dieser Auflage sind unverändert und können im Unterricht nebeneinander verwendet werden.

Druck: CS-Druck Cornelsen Stürtz, Berlin

ISBN 3-464-82000-9

Bestellnummer 820009

gedruckt auf säurefreiem Papier, umweltschonend hergestellt aus chlorfrei gebleichten Faserstoffen

Inhaltsverzeichnis

nachdenken

erst nachdenken, dann handeln

Differenzierungsaufgaben

Ich

Wer bin ich?

Mein Name

① Male mit deinen Lieblingsfarben dein Namensschild.

② Frage deine Eltern, warum sie diesen Namen für dich ausgewählt haben.

③ Finde heraus, was dein Name bedeutet.

④ Warum heißen Kinder unterschiedlich?

Ich sehe aus wie ich

Das ist ein Theater:
- Du siehst aus wie dein Vater!
- Nein, doch mehr wie deine Mutter!
- Ja, du kommst nach dem Bruder!
- Wie die Tante aus Wien!
- Onkel Hans aus Berlin!

All das ärgert mich.
Ich sehe aus wie ich!

Rolf Krenzer

① Betrachte dich im Spiegel.

② Male und schreibe einen Steckbrief von dir.
Vergleicht eure Steckbriefe miteinander.

③ Versucht die Steckbriefe den Kindern zuzuordnen.
Kannst du die anderen auch an ihren Stimmen erkennen?

④ Woran hast du erkannt, wem der Steckbrief und die Stimme gehören?

Ich über mich – Du über dich

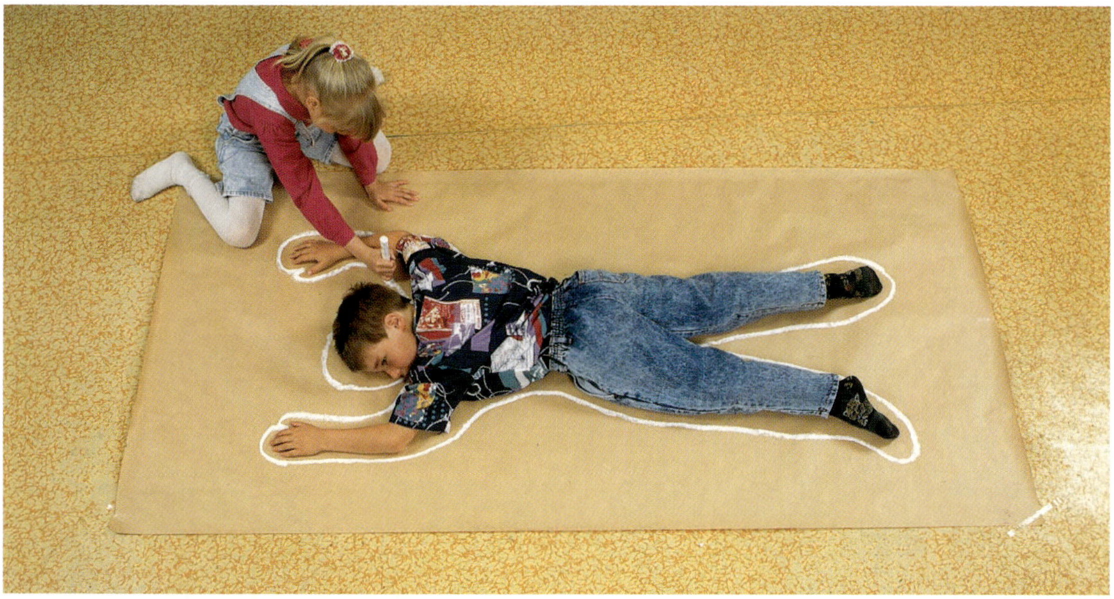

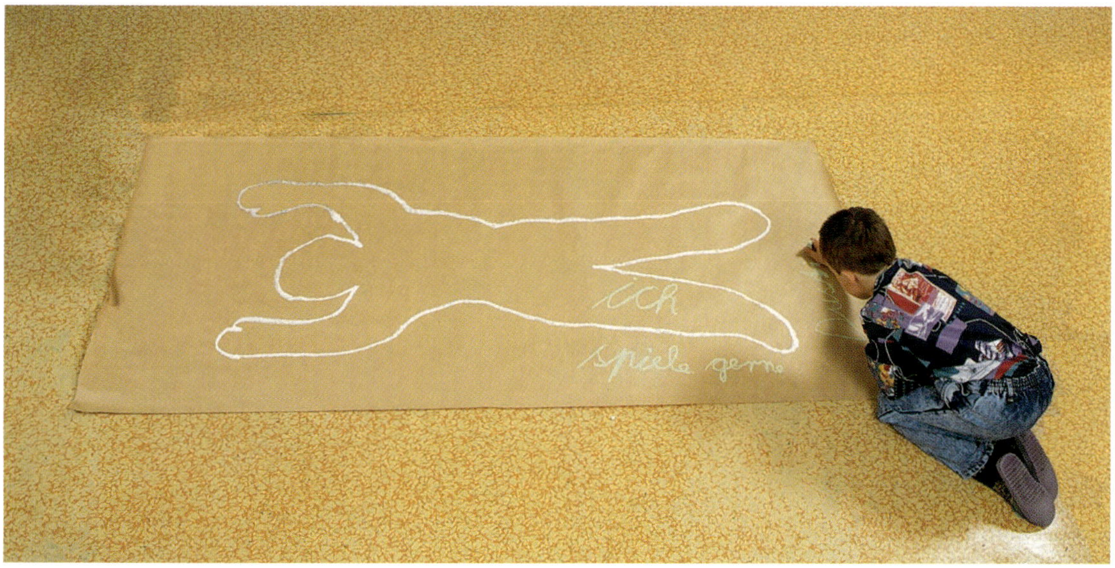

① Umfahre den Körper deines Partners mit Kreide auf dem Plakat.

② Schreibe auf deinem Plakat mit zwei Farben, was du magst und was du nicht magst.

③ Vergleicht eure Vorlieben und Abneigungen.

④ Warum ist es gut, dass nicht alle dieselben Vorlieben und Abneigungen haben?

Mit allen Sinnen

① Was kannst du hören, sehen, fühlen, riechen und schmecken?

② Stelle selbst Dinge zum Sehen, Fühlen, Riechen und Schmecken zusammen.

③ Lasse sie ein anderes Kind mit verbundenen Augen erraten.

④ Wie kannst du ihm zeigen, dass du dich über sein Können freust?

⑤ Zeige es ihm.

Jede und jeder kann etwas besonders gut

① Was kannst du besonders gut? Spiele es vor.

② Was gefällt dir besonders gut, was ein anderer kann?
Was möchtest du noch in der Schule und in der Freizeit lernen?
Wie könntest du es lernen?

Kalle, Heiner, Peter

Text und Musik: Gerhard Schöne

2. Warum spottet jeder über unsern Peter?
Er trägt eine kluge Brille,
lacht kaum und ist meistens stille, Peter.
Aber er kann Geige spielen und auch komponieren.
Zu Weihnachten beim Klassenfest wird er es dann aufführen.
So was kann nicht jeder, nur der stille Peter.

3. Warum hänseln alle grad den schwachen Kalle?
Er holt sich zwar selten Beulen,
trotzdem sieht man ihn oft heulen, Kalle.
Als einmal beim Fußballspielen doch ein Fenster krachte,
rannten alle außer ihm, der es zum Glaser brachte.
So mutig sind nicht alle wie der schwache Kalle.

4. Kalle, Heiner, Peter, solche kennt wohl jeder.
Kinder, die nicht stark, nicht schnell sind,
Kinder, die nicht ganz so hell sind.
Doch lernst du sie richtig kennen, lässt du sie nicht stehen,
wirst du etwas Besonderes grad bei ihnen sehen.
Und ihr könnt auf Erden die besten Freunde werden.

Andreas ist behindert

Klaus

Ich glaube, der Junge heißt Andreas. Er ist erst hierher gezogen.
Der kann bestimmt gar nichts, so wie er im Rollstuhl sitzt.

Aise

Eigentlich könnten wir ja mit Andreas spielen.
Der ist immer so allein.

Murat

Meine Mutter hat gesagt, dass Andreas einen Unfall hatte.
Seitdem muss er im Rollstuhl sitzen.

Sven

Fangt bloß nicht mit dem an! Ein Glück, dass wir uns mit so einem nicht beschäftigen müssen.
Der kann ja nicht mal laufen!

Nicole

Ich weiß nicht, ob wir uns Andreas gegenüber richtig verhalten.
Vielleicht sollten wir …

1. Spielt die Geschichte von Andreas.
2. Wie hat sich Andreas bei den Worten von Aise und Sven gefühlt?
   Warum ist Andreas behindert? Was kann er nicht, was die anderen können?
3. Vielleicht kann er auch etwas besonders gut, was die anderen Kinder nicht können?
4. Wie sollten sich die Kinder Andreas gegenüber verhalten? Spielt es vor.

Kindermutmachlied

Text und Musik: Andreas Ebert

2. Wenn einer sagt: „Ich brauch dich, du!
Ich schaff es nicht allein!“
Dann kribbelt es in meinem Bauch,
ich fühl mich nicht mehr klein.

3. Wenn einer sagt: „Komm, geh mit mir!
Zusammen sind wir was!“
Dann werd ich rot, weil ich mich freu,
so macht das Leben Spaß!

Die Geschichte vom Igel

nach einer Idee von Isolde Stark

1. Spielt die Geschichte vom Igel.
2. Was kann der Igel nicht?
3. Vielleicht ist dies für ihn auch gut? Wie ist es mit deinen Schwächen?

Miteinander leben

Meine Familie und ich

Familie Pohl

Familie Stein

Familie Özdemir

Familie Lange

① Wer gehört zu den einzelnen Familien?

② Bringe ein Foto von deiner Familie mit und stelle sie vor.
Erzähle von dir: Ich bin Einzelkind … und helfe …
Ich bin das älteste Kind … und helfe …

③ Welche Aufgaben hat jeder in deiner Familie?
Warum ist das so?

Familie Rama

① Spielt, was Familie Rama gemeinsam macht.

② Warum ist Familie Rama „füreinander“ da?

③ Male, wie ihr in deiner Familie füreinander da seid.

④ Es ist gut, wenn alle in der Familie füreinander da sind.
Denkt darüber nach und sprecht darüber.

⑤ Zeige deiner Familie, dass du für sie da bist.

Kleine Geschichte vom kleinen Glück

Ein Glück, Oma ist da!

Natascha liegt im Bett und zählt Schäfchen. Keine echten, sondern nur ausgedachte. Das soll müde machen, aber Natascha hilft es nicht.
„Ich kann nicht einschlafen“, denkt Natascha. Sie läuft ins Wohnzimmer, wo Oma sitzt und liest.
„Komm, ich bringe dich zurück ins Bett“, sagt Oma und nimmt Natascha an die Hand. Sie setzt sich auf ihr Bett und erzählt ihr eine Geschichte:

„Es war einmal ein kleines Seeungeheuer, das hatte ganz kleine, lustige, feuerrote Augen. Das kleine Seeungeheuer hieß Fipsi und wurde von allen Tieren im See nur der freche Fipsi genannt.
Das kam daher …“

Natascha kuschelt sich fest an Oma. Nachdem sie gegangen ist, schläft Natascha ganz schnell ein.

① Spielt die Geschichte von Oma und Natascha.

② Wie fühlt sich Natascha in der Geschichte?
Was hat Oma für sie getan?

③ Was wäre wohl passiert, wenn Oma dies nicht getan hätte?

Mein kleiner Bruder und ich

Dieser sieht ganz drollig aus,
Kulleraugen wasserhell
und die Haut wie Marzipan,
auf dem Kopf ein Mausefell.

Kann nicht sitzen und nicht stehen
und hat doch schon Beine.
Rekelt sich den ganzen Tag.
Zähne hat er keine.

Angeputzt wie eine Puppe
wird er fürs Spazierengehn.
Tanten quaken, streicheln ihn,
ich werd gänzlich übersehn.

Christa Kožik

① Beschreibe, wie der kleine Bruder aussieht und was er kann.

② Spiele die Begegnung mit den Tanten vor.

③ Wie hat sich die große Schwester gefühlt? Was hat sie gedacht?

④ Überlege, warum wohl die große Schwester „gänzlich übersehen“ wird?
Vielleicht wollten die Tanten sie gar nicht übersehen.
Ist dir so etwas auch schon einmal passiert?

Warum gerade ich?

Vater

1. Spiele die Geschichte mit deiner Gruppe vor.
2. Wie hast du dich gefühlt?
3. Haben sich die einzelnen Familienmitglieder richtig verhalten?
   Aber jeder hatte doch seinen Grund.
   Welche Folgen könnte dieses Verhalten für das Zusammenleben in der Familie haben?
4. Vielleicht kennst du noch andere Situationen, die das Zusammenleben in der Familie schwierig machen können.

Die Rechnung

Florian braucht Geld: 5 Euro. Er möchte sich etwas dafür kaufen. Verdienen kann er noch nichts. Bitte sagen mag er nicht.
Da fällt ihm etwas ein:
Er schreibt seiner Mutter eine Rechnung:

Für das Anziehen der kleinen Schwester	1 Euro
Für das Aufpassen	2 Euro
Für das Einkaufen	2 Euro
Macht zusammen	5 Euro

Vor dem Mittagessen legt er diese Rechnung heimlich unter den Teller der Mutter. Mutter findet den Zettel. Sie liest ihn.
Am Abend liegen unter Florians Teller zwei kleine Briefe.
In dem ersten Brief sind 5 Euro.
In dem anderen Brief liegt ein Zettel:

Rechnung von Mutti

Für Essen und Trinken	0 Euro
Für Waschen und Bügeln	0 Euro
Für die Pflege bei Krankheit	0 Euro
Für das Kuscheln jeden Abend	0 Euro
Macht zusammen:	0 Euro

Als Florian das liest, wird er sehr nachdenklich …

1. Spielt die Geschichte von Florian und seiner Mutter.
2. Florian wird sehr nachdenklich beim Lesen von Mutters Zettel.
   Aber er braucht doch das Geld und hat daheim wirklich gearbeitet.
   Wie wird die Geschichte weitergehen? Überlege mit einem anderen Kind.
3. Stellt eure Möglichkeiten vor.

Nachdenken über Kinder in meiner Schule

Lass dir einmal Zeit zum Nachdenken
über dich und andere,
so wie diese Kinder.

Wollt ihr eine schöne, ruhige Musik dazu hören?

Stolpersteine …

1. Kennst du noch mehr Stolpersteine? Schreibe sie auf und lege sie auf den Weg.
2. Überlege mit dem Partner, wie Susanne und Julia die Stolpersteine aus dem Weg räumen können. Warum sollten sich beide darum bemühen?
3. Spielt es vor.

Kemal ist in meiner Klasse

Kemal sagt zu Tim: „Der Peter aus der Klasse 4,
der will mich verhauen. Ich mag gar nicht
auf den Schulhof gehen."
„Ich gehe mit dir", sagt Tim.
„Aber der Peter ist stark, Timi."
Tim erzählt den anderen Kindern, was Peter vorhat.
„Kemal, wir gehen mit dir!", rufen die Kinder.
In der Pause geht Kemal auf den Schulhof.
Da ist auch schon Peter. Peter geht auf Kemal zu.
„Na, du Türke?", sagt Peter und hebt den Arm.
Die Kinder der Klasse 2 stellen sich neben Kemal.
„Kemal ist unser Freund", sagt Tim.

Horst Bartnitzky

(1) Spielt die Geschichte von Kemal.

(2) Sprich über deine Gefühle als Kemal und als Kind der Klasse.

(3) Kemal hatte ein Problem. Die Kinder der zweiten Klasse setzten sich für Kemal ein. Welche Vor- und Nachteile hätte es, wenn Kemal sein Problem allein lösen würde? Wie würdest du dich an Kemals Stelle verhalten?

(4) Zeige es den anderen.

Anna ist neu in der Klasse

① Betrachte die Bilder genau und erzähle.

② Spielt die Geschichte von Anna.
Sprecht über Annas Gefühle anfangs und am Schluss.

③ Warum haben sich Annas Gefühle im Laufe der Geschichte verändert?
Nicht nur für einen neuen Mitschüler ist es wichtig, dass er dazugehört und sich wohl fühlt.

④ Kannst du auch etwas dafür tun, dass sich jedes Kind in deiner Klasse wohl fühlt?

Einander vertrauen

Miteinander gehn

Text: Rolf Krenzer
Musik: Ludger Edelkötter

2. Wir wollen miteinander gehn,
und willst du bei mir sein,
dann bleibe nicht am Rande stehn,
und du bist nicht allein.
Und du
und du
und du bist nicht allein.

3. Ich bitte dich, wenn ich dich seh,
bleib ganz nah neben mir,
damit ich nicht alleine geh
und dich ein bisschen spür.
Und dich
und dich
und dich ein bisschen spür.

Eine gute Ethikgruppen-Ordnung?

1. Sorge für Ordnung und Sauberkeit im Ethik-Zimmer und auf deiner Bank!
2. Erledige deinen Dienst (Tafel, Ordnung, Blumen) sorgfältig!
3. Sei freundlich zu der Lehrerin und den anderen Kindern!
4. Lass den, der gerade spricht, ausreden und höre ihm zu!
5. Melde dich, wenn du etwas mitteilen möchtest!
6. Trage dazu bei, dass sich jeder in unserer Ethikgruppe wohl fühlt!

1 Denkt über die einzelnen Punkte nach: Ist es eine „gute“ Ethikgruppen-Ordnung?
Möchtet ihr sie verändern oder ergänzen?
Wozu ist es wichtig, dass ihr eure Regeln einhaltet?

Rhythmen und Ordnungen

Ein Tag von Stefan und seiner Mutter

① Spielt vor, was Stefan und seine Mutter der Reihe nach an diesem Tag machen.

② Vergleicht die Tagesabläufe miteinander.
Finde heraus,was sich bei jedem täglich wiederholt.

③ Ist es sinnvoll, die Reihenfolge der Tätigkeiten zu verändern?

Ein Tag bei Pradeep in Indien

① Erzähle in der richtigen Reihenfolge, was Pradeep an diesem Tag macht.

② Male deinen eigenen Tagesablauf.

③ Vergleiche die Bilder von dir mit denen von Pradeep.

④ Was ist gleich und was ist anders? Überlege jeweils, warum.

Ein Tag für mich allein

Ein Tag war aus dem
Kalender gefallen
und lag am Morgen
vor meiner Tür.
Er sagte: „Kind, du kannst tun,
was du willst.
Ich gehöre heute nur dir."

Christa Kožik

① Was würdest du an diesem Tag gern alles unternehmen?

② Möchten die anderen an „ihrem“ Tag dasselbe tun wie du?

③ Was wäre wohl, wenn jeder Tag in deinem Leben so aussehen würde?

Tempo – Tempo, dalli – hopp!

Tempo – Tempo, dalli – hopp!

Schon halb sieben, höchste Zeit!
Aus den Federn, rein ins Kleid.
Frühstück, Zähne putzen, Kuss –
tschüs, da wartet schon der Bus.

Tempo – Tempo, dalli – hopp!

Erste, zweite Stunde – Pause,
nach der vierten rasch nach Hause.
Mittagessen, Hausaufgaben,
in die Geigenstunde traben.

Tempo – Tempo, dalli – hopp!

Montag basteln, Dienstag Sport,
Mittwoch mit der Oma fort.
Freitag schwimmen, Samstag Schach,
am Sonntag mit den Eltern Krach.

Tempo – Tempo, dalli – stopp!

Halt! Genug der Hetzerei!
Einmal will ich gar nichts tun,
schön ist's, einfach auszuruhn!

Tempo –Tempo, dalli – nein!
Faul, das will ich heute sein.

nach Gabriele Seidenschwand-Weilbach

Arbeit – Freizeit

① Erzählt, was Hussam an diesem Tag macht.

② Zu welcher Tageszeit könnte er jeweils damit beschäftigt sein?

③ Ordne die Tätigkeiten nach Arbeit und Freizeit und ergänze sie.

④ Warum ist es wichtig, den Tag sowohl mit Arbeit als auch mit Freizeitbeschäftigungen zu verbringen?

Niki lernt rechnen

Niki saß jammernd und stöhnend über seinen Schularbeiten. „Rechnen ist so schwer. 37 Euro und 15 Euro sind – sind – 52 Euro. Warum muss man dieses Zeug bloß lernen! Acht Kästchen haben wir auf."

„Du bist ja bald fertig", tröstete ihn die Mutter. „Nur noch ein einziges Kästchen. Leg eine Pause ein und geh für mich zum Kaufmann. Hier ist der Zettel."
Missmutig machte sich Niki auf den Weg. Er hatte so schlechte Laune, dass sich Herr Schröder, der Kaufmann, wunderte. „Bist du krank?", fragte er und gab ihm einen Kaugummi.
Niki schüttelte den Kopf.
„Ich muss bloß so viel rechnen. Acht Kästchen!"
„Das schadet nichts", meinte Herr Schröder. „Ich muss auch den ganzen Tag rechnen. Pass auf, jetzt rechne ich zusammen, was du zu bezahlen hast. Fünf – zehn – fünfzehn …" Er murmelte vor sich hin. Dann sagte er laut: „Fünf Euro achtundneunzig!"
Niki gab ihm das Geld, nahm seine Tasche und ging. In der Hand hielt er den Zettel, auf dem Herr Schröder die Preise aufgeschrieben hatte. Vier Zahlen standen da, eine unter der anderen. Ob ich das auch zusammenzählen kann, dachte Niki. Er stellte seine Tasche hin und sah den Zettel an.
Und weil es keine Schularbeiten waren, sondern nur ein Kaufmannszettel, fing er ganz von allein an zu rechnen.
Ein Euro fünfzehn und fünfundsiebzig sind ein Euro neunzig. Ein Euro neunzig und zwei Euro fünfundzwanzig sind vier Euro fünfzehn.
Vier Euro fünfzehn und dreiundachtzig sind vier Euro achtundneunzig.

In der Schule hatten sie noch nie mit diesen Zahlen gerechnet. Nikis Kopf brummte, so sehr strengte er sich an. Und trotzdem, er bekam einen Euro weniger heraus als Herr Schröder. Das stimmt doch nicht, dachte Niki und fing noch einmal von vorn an. Dann rechnete er ein drittes Mal. Immer fehlte ein Euro. Und schließlich wusste er: Nicht er, nein, Herr Schröder hatte sich verrechnet.

Niki nahm seine Tasche und rannte zum Laden zurück. „Herr Schröder!“, rief er schon in der Tür. „Herr Schröder, Sie haben einen Euro zu viel bekommen!“

„So?“, sagte Herr Schröder verwundert. „Meinst du?“ Er sah den Zettel an. Tatsächlich, Niki hatte Recht.

„Na, du bist mir ja ein toller Rechner“, staunte Herr Schröder. „Hier hast du den Euro und hier noch ein Eis.“

Da strahlte Niki. Einmal über das Eis. Vor allem aber, weil er besser gerechnet hatte als Herr Schröder. Rechnen macht Spaß, dachte er und rannte mit seiner Einkaufstasche nach Hause.

Irina Korschunow

1. Spielt Niki bei den Hausaufgaben und als er Herrn Schröders Fehler entdeckt. Wie fühlt sich Niki jeweils?
2. Schreibt in Gedankenblasen, was Niki vom Rechnen denkt:
   – als er über seinen Hausaufgaben sitzt,
   – nachdem er Herrn Schröders Fehler entdeckt hat.
3. Warum macht Niki jetzt plötzlich das Rechnen Spaß?
4. Vielleicht hast du auch schon einmal so etwas erlebt wie Niki.

Martin besucht Simon

„Guten Tag!“, sagt Martin. Simons Mutter steht in der Küche und bügelt. „Pssst!“, zischt sie. „Ich sehe gerade Kommissar Rotnase!“

Im Wohnzimmer hört Martin lautes Gebrüll. Zwei Drachen kämpfen auf dem riesigen Bildschirm. Simons kleine Schwester Lisa sitzt mit roten Wangen vor dem Fernseher.
„Psst!“, sagt sie. „Es ist gerade so spannend!“

Im Arbeitszimmer sitzt Simons Vater vor einem Computer. Er antwortet gar nicht auf Martins Gruß.

Martin kommt in Simons Zimmer.
„Hallo Simon!“, ruft er.
„Wir haben jetzt Kabelanschluss. 19 Programme!“, jubelt Simon.
Er drückt auf die Tasten der Fernbedienung. Es blitzt und kracht, immer neue Bilder, Schreie, Schüsse, Musik, Geheul …

Martin fragt Simon: „Wollten wir nicht spielen?“
Simon sagt nur: „Pssst!“

Als Martin das Haus verlässt, bemerkt das niemand.

nach Gabriele Seidenschwand-Weilbach

1. Spielt die Geschichte von Martin. Achtet besonders auf das, was die anderen zu Martin sagen, und auf ihren Gesichtsausdruck.
2. Wie fühlt sich wohl Martin jeweils?
3. War es richtig, dass Martin gegangen ist? Vielleicht hätte Martin es ja auch geschafft, mit Simon zu spielen.
4. Kennst du noch andere Möglichkeiten die Freizeit besser zu verbringen als vor dem Fernseher?
5. Probiere die von dir gefundenen Möglichkeiten einmal aus.

Zeit für Ruhe

Text: Gerhard Krombusch
Musik: Ludger Edelkötter

2. Viele Laute sind ganz leise,
singen alle ihre Weise.
Leise Laute sind so schön,
dürfen nicht verloren gehen.

3. Zeit für Ruhe, Zeit für Stille,
Atem holen und nicht hetzen,
unser Schweigen nicht verletzen.
Lasst uns in die Stille hören.

Guten Tag

Bei uns und in anderen Ländern sagt man so:

Deutschland

Guten Tag!

Türkei

Merhaba!

Schweden

God dag!

Griechenland

Καλημέρα
(sprich: Kalimera)

Frankreich

Bonjour!
(sprich: Bonschur)

Russland

Добрый день
(sprich: Dobryj djeen)

Italien

Buon giorno!
(sprich: Buondschorno)

① Male, was für dich ein wirklich guter Tag ist.

② Denke darüber nach, warum der Tag für dich dann gut ist.
Vielleicht musst du auch selbst etwas dafür tun?

③ Versuche, dass der nächste Tag eine „guter“ Tag wird.

In dieser Minute

In der Minute, die jetzt ist
– und die du gleich nachher vergisst –,

geht ein Kamel auf allen vieren
im gelben Wüstensand spazieren,
und auf den Nordpol fällt jetzt Schnee,
und tief im Titicacasee
schwimmt eine lustige Forelle.
Und eine hurtige Gazelle
springt in Ägypten durch den Sand.
Und weiter weg im Abendland
schluckt jetzt ein Knabe Lebertran.
Und auf dem großen Ozean
fährt wohl ein Dampfer durch den Sturm.
In China kriecht ein Regenwurm
zu dieser Zeit zwei Zentimeter.
In Prag hat jemand Ziegenpeter,
und in Amerika ist wer,
der trinkt grad seine Tasse leer,
und hoch im Norden irgendwo,
da hustet jetzt ein Eskimo,
und in Australien – huhu –
springt aus dem Busch ein Känguru.
In Frankreich aber wächst ein Baum
ein kleines Stück, man sieht es kaum,
und in der großen Mongolei
schleckt eine Katze Hirsebrei.
Und hier bei uns, da bist nun du
und zappelst nun selbst immerzu,
und wenn du das nicht tätest, wär
die Welt jetzt stiller als bisher!

Eva Rechlin

1. Male ein Bild zu der Minute aus dem Gedicht, die du gerne miterlebt hättest.
2. Eine einzige Minute kann sehr kostbar sein. Denke darüber nach.
   Überlege, was du in der nächsten Minute gern tun würdest.
3. Führe es aus.

Nur einen Augenblick nicht aufgepasst

Julia hat Geburtstag.
Sie hat ihre Freunde zu einer Party eingeladen.
Julias Mutter hat eine große Geburtstagstorte gebacken.
Auf der Torte sind sieben Kerzen.
Julia darf die Kerzen anzünden.
Sie muss aufpassen, dass sie sich nicht die Finger verbrennt.
„Au!“ Schon ist es passiert.
Sie wirft das brennende Streichholz in den Papierkorb.
„Halt!“, ruft Daniel, aber es ist schon zu spät.
Das Papier hat Feuer gefangen. Thomas und Claudia versuchen es auszublasen. Doch es wird dadurch nur noch stärker.
Daniel will löschen und leert ein Glas Fruchtsaft in die Flammen.
„Mama!“, schreit Julia. „Es brennt!“

Die Mutter stürzt ins Zimmer. „Schnell! Holt Wasser!"
Schon brennt der ganze Papierkorb.
Julia holt einen Topf mit Wasser
und schüttet das Wasser über den brennenden Korb.
Es stinkt und qualmt.
Die Mutter wirft eine dicke Decke über den Korb.
Dadurch erstickt das Feuer.

Das ist noch einmal
gut gegangen!
Nur der Fußboden hat
einen schwarzen Fleck.

① Julia hat einen Augenblick lang nicht aufgepasst. Erzähle davon.
② Malt, was der Reihe nach anschließend passiert ist.
③ Wie hätte Julia diese schlimmen Folgen vermeiden können?
Vielleicht hast du auch schon einmal einen Augenblick lang
nicht aufgepasst und es ist deswegen etwas Schlimmes passiert?
④ Wie hättest du es vermeiden können?

Alles kehrt wieder

KNISTER/Paul Maar

1. Male den Lauf der Sonne.
2. Ändert sich dieser am nächsten Tag?
   Kannst du die Reihenfolge der Bilder von der Sonne auch vertauschen?
   Warum ist es wichtig, dass sich dies bei der Sonne immer
   in der gleichen Reihenfolge wiederholt?
3. Frage ein anderes Kind, ob es noch andere Dinge in der Natur oder
   beim Menschen kennt, die sich immer in der gleichen Reihenfolge wiederholen.

Brauchtum und Feste

Feste feiern

Türkische Hochzeit

Schulfest

Griechisches Dorffest

Jüdisches Purim-Fest

Wir feiern Zeiten und Feste

Warum?

Fragt nicht so dumm

Wir brauchen St. Martin und Nikolaus

Wir brauchen Stille und Freude im Haus

Wir brauchen den Christbaum in dunkler Zeit

Zu Fastnacht Spaß und Heiterkeit

Wir brauchen zu Ostern Eier

Gemeinsam das Fest und die Feier

Wir brauchen das Licht und den Tanz

Wir brauchen ein bisschen Glanz

Hubertus Halbfas

① Welche Feste werden auf den Bildern gefeiert?

② Welches Bild und welche Gedichtzeile passen zueinander?

③ Hast du auch schon einmal eines dieser Feste mitgefeiert?
Kennst du noch andere Feste? Bringe Fotos und Gegenstände mit. Erzähle davon.

④ Warum geben die Feste ein „bisschen Glanz“ und wozu brauchen wir den „Glanz“?

Wir planen gemeinsam ein Ethikgruppen-Fest

Die Kinder der Ethikgruppe planen gemeinsam ihr Fest.

Unser Programm für unser Ethikgruppen-Fest

1. Vorbereitung :

Raumschmuck: Miriam
Tischdecken und Servietten: Esra
Blumen: Vanity

2. Programmablauf :

1. Lied: Paule Puhmann (alle)
2. Spiel: Daumen zwicken (Julia)
3. Witze erzählen
4. Gedicht: Die Biene Liane (Nadine)
5. Zaubertricks (Marco)
6. Geschenkübergabe (alle)
7. Lied: Weil wir Freunde sind (alle)
8. gemeinsam essen und trinken

① Wie planen die Kinder ihr Fest?

② Wie gehen sie dazu der Reihe nach vor?

③ Habt ihr andere Ideen für euer Fest?
Begründet und entscheidet euch dann.

④ Stellt das Programm für euer eigenes Fest auf.
Bereitet euer Ethikgruppen-Fest gemeinsam vor.

Wir feiern gemeinsam ein Ethikgruppen-Fest

Die Kinder der Ethikgruppe feiern gemeinsam ihr Fest.

Werner schmückt den Tisch.

Alle Kinder singen zusammen „Paule Puhmann“

Die Kinder spielen „Daumen zwicken“.

Marco macht mit Lucie einen Zaubertrick.

Denis überreicht ein selbst gebasteltes Geschenk an Anna.

Die Kinder denken am Ende über die Feier nach und sprechen darüber.

① Erzähle, wie die Kinder ihr Fest vorbereiten und feiern.

② Warum feiern die Kinder in der Ethikgruppe zusammen?

③ Feiert euer selbst geplantes Ethikgruppen-Fest.
Sprecht anschließend darüber, wie ihr euch gefühlt habt.
War es schön mit anderen Kindern gemeinsam zu feiern?

④ Welcher Programmpunkt hat dir besonders gut gefallen?

Laura hat Geburtstag

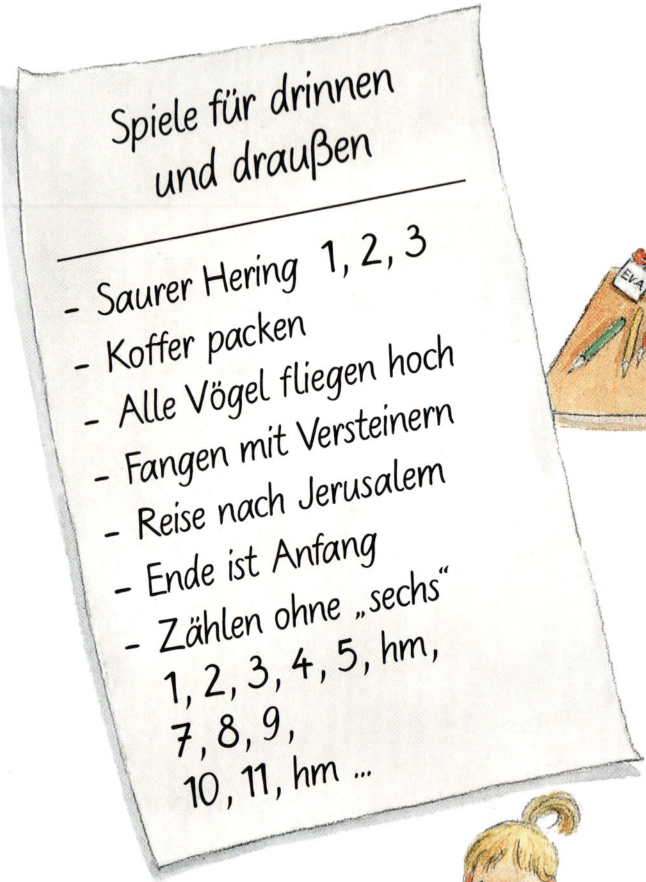

① Wie bereitet Laura ihre Geburtstagsfeier vor?

② Helft Laura die Einladung für ihre Feier zu gestalten.

③ Denke darüber nach, warum Laura andere Kinder an ihrem Geburtstag einlädt und mit ihnen spielen möchte? Wie fühlt sie sich dabei?

④ Bereite selbst eine Geburtstagsfeier vor.

Happy Birthday

Deutsch

Zum Geburtstag viel Glück! Zum Geburtstag viel Glück!
Zum Geburtstag, liebe(r) …, zum Geburtstag viel Glück!

Türkisch

İyi ki doğdun … İyi ki doğdun …
İyi ki doğdun. İyi ki doğdun. İyi ki doğdun …

Italienisch

Tanti auguri a te. Tanti auguri a te.
Tanti auguri caro(a) …, tanti auguri a te.

Serbokroatisch

Za rodendan mnogo srece. Za rodendan mnogo srece.
Za rodendan mili(a) moj(a) … Za rodendan mnogo srece.

Makedonisch

Za rodenden mnogo sreḱa. Za rodenden mnogo sreḱa.
Za rodenden mili(a) moj(a) … Za rodenden mnogo sreḱa.

Muttis Geburtstag

Anja und Paul haben sich für ihre Mutti
ein besonderes Geschenk ausgedacht.

Gedichttext:
Angela Sommer-Bodenburg

1. Welches Geschenk haben sie sich für ihre Mutti ausgedacht?
2. Spielt vor, wie sie das Geschenk überreichen.
3. Was ist an diesem Geschenk ganz besonders?
4. Nicht nur zum Geburtstag kannst du deiner Mutti durch ein kleines Geschenk eine große Freude machen.
5. Überlege dir für deine Mutti ein kleines Geschenk und überreiche es ihr „feierlich“.

Ich schenk dir einen Regenbogen

Text und Musik: Dorothee Kreusch-Jacob

2. Ich schenk dir hundert Seifenblasen,
sie spiegeln mein Gesicht.
Ich wünsch dir was!
Was ist denn das?
Nein – ich verrat's dir nicht!

3. Ich schenk dir eine weiße Wolke
hoch am Himmel dort.
Ich wünsch dir was!
Was ist denn das?
Es ist ein Zauberwort.

4. Ich schenk dir einen Kieselstein
den ich am Wege fand.
Ich wünsch dir was!
Was ist denn das?
Ich schreib's dir in die Hand.

5. Ich schenk dir einen Luftballon,
er schwebt ganz leicht empor.
Ich wünsch dir was!
Was ist denn das?
Ich sag's dir leis ins Ohr!

6. Ich schenke dir ein Kuchenherz,
drauf steht: „Ich mag dich so!"
Ich wünsch dir was!
Was ist denn das?
Jetzt weißt du's sowieso!

Halloween – ein altes Fest der Kelten

Bei den alten Kelten vor vielen hundert Jahren war Halloween am 31. Oktober der letzte Abend des alten Jahres.
Sie glaubten, dass Saman, ihr Gott der Toten, an diesem Abend die bösen Geister der Verstorbenen herbeirief. Diese Geister würden dann ihre ehemaligen Wohnungen auf der Erde wieder aufsuchen.
Deshalb zündeten die Kelten an Halloween große Feuer an, um all die bösen Geister zu vertreiben.

① Findest du heraus, wer die alten Kelten waren und wo sie gelebt haben? (Befragungen, Lexikon, Bücher, Computer/Internet)

② Warum und wie haben die Kelten Halloween gefeiert?

③ Die Kelten wollten durch Feuer die bösen Geister der Toten vertreiben. Denkt darüber nach und sprecht darüber.

So feiern Kinder bis heute Halloween

Halloween wird bis heute vor allem von Kindern auf den Britischen Inseln und in den USA gefeiert.

Kinder basteln aus Kürbissen Fratzen-Laternen.

Als gruselige Gestalten verkleidete Kinder ziehen von Haus zu Haus.

1. Wie feiern Kinder bis heute Halloween? Wo besonders?
2. Forscht nach, warum vor allem Kinder aus diesen Ländern Halloween feiern.
3. Fertigt schaurige Laternen aus Kürbissen und lasst die Fratzen im Dunkeln leuchten. Sprecht über eure Gefühle.
4. Kennt ihr noch mehr Feste, an denen durch Feuer böse Geister vertrieben werden sollen?
5. Auch an Fasching verkleiden sich Kinder. Aus demselben Grund wie an Halloween?

Sankt Martin

Volkslied

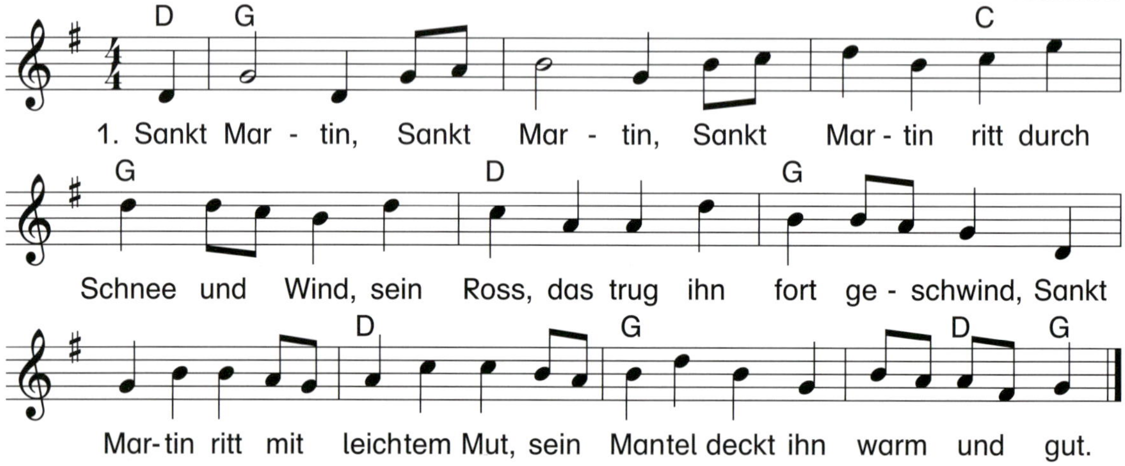

2. Im Schnee, da saß ein armer Mann,
hatt' Kleider nicht, hatt' Lumpen an.
„O helft mir doch in meiner Not,
sonst ist der bittre Frost mein Tod!"

3. Sankt Martin zog die Zügel an,
sein Ross stand still beim armen Mann,
Sankt Martin mit dem Schwerte teilt'
den warmen Mantel unverweilt.

4. Sankt Martin gab den halben still;
der Bettler rasch ihm danken will.
Sankt Martin aber ritt in Eil'
hinweg mit seinem Mantelteil.

① Spielt die Begegnung mit dem Bettler nach.

② Welche Gedanken für und gegen das Teilen des Mantels könnten Martin durch den Kopf gegangen sein, als er den Bettler sah?

③ Warum hat er seinen Mantel geteilt?

④ War das eine „gute" Tat?

⑤ Welche „gute" Tat könntest du heute tun? Führe sie aus.

Sankt Martin heute

In vielen Ländern feiern Kinder bis heute am 11. November den Martinstag. Dies ist der Tag, an dem der heilige Martin gestorben ist. Die Kinder ziehen abends mit bunten Laternen hinter einem Reiter her, der als Sankt Martin verkleidet ist. Dabei singen sie das Martinslied. Am Martinsfeuer gehen einige Kinder zu ihm und halten ihre Laternen hoch. Martin teilt seinen Mantel und hält die eine Hälfte zum Zeichen der Hilfe über die Laternen.

① Finde heraus, warum in vielen Ländern Martinstag gefeiert wird.

② Wie feiern hier viele Kinder das Martinsfest?
Hast du auch schon einmal einen Martinsumzug miterlebt?

③ Kannst du dir denken, warum die Kinder Laternen beim Martinsumzug tragen?
Wobei möchte Martin den Kindern wohl helfen?

④ Kennst du noch andere Feste, bei denen Kinder Laternen oder Kerzen tragen?

Das Fest des heiligen Nikolaus

Die hungernden Menschen bettelten bei den Seeleuten um Getreide.

Bischof Nikolaus sprach: „Lasst den Menschen von eurem Korn. Am Ende wird nichts fehlen."

Endlich konnte sich Groß und Klein einmal wieder satt essen.

„Tatsächlich, es fehlt überhaupt nichts."

1. Erzählt, wie Nikolaus den Menschen geholfen hat.
2. Welche Gedanken hatten wohl die Seeleute beim Wunsch der hungernden Menschen? Schreibt auf und begründet.
3. Trotzdem gaben sie den Hungrigen vom Getreide ab. Denkt darüber nach.

6. Dezember heute

Am 6. Dezember soll Nikolaus gestorben sein. Am Vorabend stellen viele Kinder in Deutschland ihre Schuhe vor die Tür. Die soll der heilige Nikolaus mit Geschenken füllen. Am nächsten Morgen finden die Kinder dann die Geschenke in ihre Schuhen.

Bei einem anderen Brauch kommt ein als Bischof Nikolaus Verkleideter zu den Kindern.
Die Kinder sollen ihm von ihren guten und von ihren schlechten Taten berichten, ein Gedicht aufsagen oder ein Lied singen. Dann bekommen sie vom Nikolaus ihre Geschenke.

(1) Erzähle, wie Kinder in Deutschland den Nikolaustag feiern.

(2) Kannst du dir denken, warum die Kinder von ihren guten und ihren schlechten Taten berichten sollen?
Der Nikolaustag ist vor allem ein Fest der Kinder. Denke darüber nach.

(3) Kennst du noch mehr Feste, die vor allem für Kinder sind?
Bringe Fotos mit und erzähle davon.

Weihnachten –
das Fest der Geburt Christi

Die Weihnachtsgeschichte aus der Bibel

Maria und Josef gingen in die Stadt Bethlehem. Maria sollte bald ein Kind bekommen. In Bethlehem waren alle Gasthäuser schon voll. Schließlich fand Josef draußen vor der Stadt einen Stall. Dort bekam Maria ihren Sohn: Jesus. Sie wickelte ihn in Tücher und legte ihn in eine leere Futterkrippe.

Ganz in ihrer Nähe hüteten arme Hirten ihre Schafe. Plötzlich leuchtete ein helles Licht.
Die Hirten fürchteten sich sehr.
Da sprach ein Engel zu ihnen:
„Fürchtet euch nicht. Ich habe eine frohe Nachricht für euch und die ganze Welt: Ein Kind ist geboren, der Retter.
Ihr findet das Kind in Windeln gewickelt im Stall in einer Futterkrippe."

Die Hirten liefen zum Stall. Sie fanden das Kind und waren sehr froh.
Allen Leuten erzählten sie, was sie gehört hatten.

① Kannst du herausfinden, was die „Bibel" ist?

② Warum feiern die Christen Weihnachten und was steht in der Bibel über die Geburt von Jesus? Findest du es auch auf dem Bild wieder?

③ Die Geburt dieses Kindes vor über 2000 Jahren ist für die Christen überall auf der Welt bis heute sehr wichtig. Denke darüber nach.

Der „Heilige Abend“ heute

Katharina erzählt:
Am 24. Dezember wird bei uns Heiligabend gefeiert. An diesem Tag schmücken wir den Christbaum und stellen die Weihnachtskrippe auf.
Der Besuch der Kinderchristmette in der Kirche gehört für unsere Familie zum Heiligen Abend dazu. Dort hören wir die Geschichte von der Geburt Jesu und singen gemeinsam Weihnachtslieder.

Später zu Hause werden die Kerzen am Baum angezündet.
Alle bekommen Geschenke und wünschen sich gegenseitig „Frohe Weihnachten“.

① Finde heraus, warum der „Heilige Abend“ so heißt. Wie wird er in Deutschland häufig gefeiert?

② Kannst du dir denken, warum sich alle Familienmitglieder an diesem Abend gegenseitig beschenken und ein „Frohes Fest“ wünschen?

③ Kennst du noch ein Fest, bei dem das so ist?

Ostern – das Fest der Auferweckung Jesu zu neuem Leben

Ostern ist das höchste und älteste Fest der Christen.
Schon seit fast 2000 Jahren feiern sie dieses Fest. Sie denken dabei an die Auferweckung Jesu zu neuem Leben nach seinem Tod am Kreuz. Das Fest wird im Frühling gefeiert, wenn die Natur zu neuem Leben erwacht.

1. Berichte, warum und wann die Christen Ostern feiern.
2. Denke darüber nach, warum sie ausgerechnet zu dieser Zeit Ostern feiern.
3. Kennst du noch mehr Feste, die zu dieser Zeit gefeiert werden?

Kinder von heute feiern Ostern

In der Nacht vor dem Ostersonntag besuchen viele Kinder in Deutschland mit ihren Familien die Kirche. Dort feiern sie zusammen die Osternacht. Zuerst zündet der Pfarrer vor der Kirche am Osterfeuer die Osterkerze an, segnet sie und trägt sie in den dunklen Kirchenraum. Dabei singen alle ein österliches Jubellied. Dann zünden sie an der Osterkerze kleine Kerzen an und nehmen ihre Osterlichter am Ende der Feier mit nach Hause. Sie wollen ihr Heim durch das Licht Jesu hell machen.

Am nächsten Tag erhalten die Kinder als Geschenk ein Osternest, das mit Eiern und Süßigkeiten gefüllt ist.

① Erzähle, was du über Osterfeiern in Deutschland weißt.

② Beobachte eine brennende Kerze im dunklen Raum. Was stellst du fest?

③ Kannst du dir denken, warum der Kirchenraum vollkommen dunkel ist, wenn die Osterkerze in die Kirche getragen wird?

④ Kennst du noch andere Feste, bei denen Kerzen angezündet werden? Warum werden da Kerzen angezündet?

Die Fastenzeit vor Şeker Bayramı

Die Muslime feiern das Fest des „Fastenbrechens" – Şeker Bayramı – jedes Jahr am Ende ihres Fastenmonats, des Ramadan. In diesem Monat dürfen sie tagsüber nichts essen und trinken. Nur Kinder, Kranke und Menschen, die sich auf einer langen Reise befinden, müssen nicht fasten.

Im Ramadan hat der Prophet Muhammed zum ersten Mal Offenbarungen durch Allah (arabisch: Gott) empfangen und aufgeschrieben.
Bei den Offenbarungen sprach Allah zum Propheten und durch diesen zu den Menschen.

1. Findest du heraus, wer Allah und der Prophet Mohammed sind?
2. Berichte, wie die Muslime sich auf Şeker Bayramı vorbereiten.
   Hast du auch schon einmal einen Tag lang nichts gegessen und getrunken?
   Wie ist es dir dabei ergangen?
3. Kannst du dir denken, warum die Muslime einen ganzen Monat lang tagsüber überhaupt nichts essen und trinken?
   Wie fühlen sich die Menschen bei diesem Fest?
4. Kennst du noch mehr Feste, vor denen gefastet wird? Erzähle davon.

Şeker Bayramı – Das Zuckerfest

Nach dem Fastenmonat Ramadan feiern die Kinder zusammen mit ihren Familien drei Tage lang das Zuckerfest. An diesen Tagen wird die Moschee besucht und anschließend mit der Familie und mit den Freunden gefeiert. Dabei gibt es ein Festessen, meistens Lammbraten, und Süßigkeiten. Nach dem Essen wird gesungen und getanzt. Die Kinder gehen auch zu Bekannten und Freunden und wünschen ihnen ein gutes Fest. Dabei küssen sie die Hände der Erwachsenen als Zeichen der Achtung. Dafür bekommen sie kleine Geschenke wie Süßigkeiten oder Geldstücke.

① Findest du heraus, wie ein Gottesdienst an Şeker Bayramı in der Moschee abläuft?

② Wie feiern die muslimischen Kinder das Zuckerfest?
Auch das Bild kann dir dabei helfen.

③ Kannst du dir denken, warum dieses Fest „Zuckerfest“ genannt wird?

④ Die Kinder küssen den Erwachsenen die Hände. Denke darüber nach.

Staunen und Achten

Ich träume

In Gedanken reise ich
zu einer schönen Sommerwiese.
Ich schließe die Augen.
Ich trete aus dem kühlen Schatten in die Sonne.
Die Sonne wärmt mein Gesicht.
Die Vögel singen. Die Blumen blühen:
rote, blaue, weiße, gelbe
Blumen in allen Farben.
Bienen summen,
Falter taumeln von Blüte zu Blüte.
Und darüber streicht ein sanfter Wind.
Ich atme tief ein!
Es duftet nach Sommer und Sonnenschein.
Ich setze mich auf die Wiese
und genieße die Sommerluft.
Ich merke, dass alles um mich herum lebt.
Ich freue mich, dass ich lebe.

① Male ein Bild von deinem Sommer-Wiesen-Traum.

Wunder-Welt unter der Lupe

① Geht auf eine Wiese.
Was könnt ihr alles sehen, hören, schmecken, riechen und fühlen?

② Macht Spiele zum Sehen, Hören, Schmecken, Riechen und Fühlen.

③ Suche dir etwas aus, das dir besonders gut gefällt.
Betrachte es von allen Seiten. Male es.

④ Hast du etwas Neues entdecken können?

Ein Apfel

① Beschreibe die Bilder.

② Finde heraus, welche Stelle von dem Apfel auf den Bildern zu sehen ist.

③ Erzähle, was der Apfel alles erlebt hat:

- Ich bin ein Apfel von dem Baum auf der großen Wiese.
  Gemeinsam mit meinen Geschwistern habe ich …

④ Was gefällt dir besonders gut an dem Apfel?

⑤ Kennst du noch mehr Dinge in der Natur, die du schön findest?

Schön

Frag einmal verschiedene Leute:
Sag mir: Was ist das: „schön"?
Dann wirst du schnell erleben,
wie verschieden sie das sehn.
Manche finden **Blau** am schönsten,
andre **Rot** und andre **Grün**,
manche finden schöner München,

andre Rom und andre Wien.
Ferien, sagt der eine,
sind am schönsten stets am Meer.

Berge finden andre schöner,
und sie fahren weit, weit her.

Manche finden diesen Menschen
schön und manche den.
Ja, es ist nicht leicht zu sagen,
wie und was ist das nun: schön?
Oder gibt es dieses Schöne,
von dem man so häufig spricht,
weil's ein jeder anders findet,
vielleicht etwa wirklich nicht?
Diese Antwort aber, meine ich,
wäre leider ziemlich dumm;
denn ich glaub, es gibt viel Schönes,
schau dich in der Welt bloß um.
Man muss, um was schön zu finden,
freilich sich zunächst bemühn,
um das Schöne erst zu finden.
Und darum behaupt' ich kühn:
Schön, das hängt sehr viel von uns ab,
wie wir diese Welt besehn,
was mit Liebe wir betrachten,
wird fast wie durch Zauber schön.

Helmut Zöpfl

1. Was findest du „schön" auf dieser Welt?
2. Finden die anderen Kindern dasselbe „schön"?

Worüber wir staunen

Dass die Welt hinter den Bergen nicht zu Ende ist,

dass, was dir im Spiegel begegnet, du selber bist.

Dass die Erde rund ist und sich dreht,

und dass der Mond, auch wenn es regnet, am Himmel steht.

Dass die Sonne, die jetzt bei uns sinkt,

andern Kindern Guten Morgen winkt.

Max Bolliger

① Male etwas aus dem Gedicht, worüber du selber staunst.

② Erkläre dein Bild deinem Partner.

③ Kannst du dich erinnern, wann du das letzte Mal über etwas gestaunt hast? Worüber? Wie ist es dazu gekommen?

④ Spiele es den anderen Kindern vor.

Ich hab Augen

Text und Musik: Wolfgang Longardt

Schau mal, was da wird

① Vergleiche die Bilder miteinander.
Wie hat sich die Raupe der Reihe nach verändert?

② Kannst du spielen, wie sich die Raupe verändert hat?
(Denke dabei an die Fortbewegung.)

③ Findest du die Raupe schöner als den Schmetterling?
Ohne Raupe würde es keinen Schmetterling geben. Denke darüber nach.

④ Vielleicht kennst du noch andere Dinge, die zu etwas Schönem werden.

⑤ Wie kannst du dabei helfen, dass etwas schön werden kann?

Guck doch mal, was da entsteht

① Betrachte das Bild und beschreibe, wie es entstanden ist.

② Male selbst ein solches Bild. Lass deinen Partner dabei beobachten, wie das Bild entsteht – und umgekehrt.
Sprecht über eure Erfahrungen und Beobachtungen.

③ Vergleicht den ersten Buntstift-Strich und das fertige Bild.
Was beeindruckt euch mehr?

④ Ist es wichtig, dass das Bild fertig gemalt wurde?

⑤ Wie möchtest du jetzt mit deinem fertigen Bild umgehen?

⑥ Mache jemandem damit eine Freude.

Pass bitte auf

Da kommt ein kleines Mädchen über das Blumenbeet gerannt.
Sie möchte schnell zu ihrer Freundin um zu spielen.
Sie nimmt die Abkürzung durch den Garten
und bemerkt nicht, dass sie dabei eine kleine Pflanze zertritt.
Daraus können nun keine Blumen mehr werden.

(1) Erzähle, was passiert ist.
Warum hat das Mädchen die kleine Pflanze umgeknickt?

(2) Aus der Pflanze kann jetzt keine Blume mehr werden. Denke darüber nach.
Aber im Garten stehen doch noch viele andere Pflanzen.

(3) Wie sollst du dich in der Natur verhalten?

(4) Mit welchen Dingen solltest du auch sorgsam umgehen?
Halte dich daran.

Sieben Blumen

Text: Rolf Krenzer
Musik: Ludger Edelkötter

2. Einen ganzen Winter lang, tief im Land geborgen,
warteten sie unterm Schnee auf den Frühlingsmorgen.
Als die Sonne endlich konnt Licht und Wärme geben,
da erwachte überall wieder neues Leben.

3. Es begannen Gras und Klee wieder neu zu sprießen.
Und die Blumen wollten blühn auf den grünen Wiesen.
Und als die Vögel kehrten heim, haben froh gesungen,
da sind die Knospen gestern früh freudig aufgesprungen.

4. Gestern früh noch blühten sie um uns zu beglücken.
Einer kam und bückte sich um sie abzupflücken.
Sieben Blumen waren grad wieder neu geboren.
Sieben Blumen wurden dann auf dem Weg verloren.

Gefühle

Was mein Körper erzählt

Alina

Frank

Ahmed

Marie und Max

Anja

Leon

Sina

① Wie fühlen sich die Kinder?
Woran hast du dies erkannt?

② Woran kann man gut erkennen,
wie ein anderes Kind sich fühlt?

③ Passt der Gesichtsausdruck, die Körperhaltung,
die Stimme, die Sprache eines fröhlichen Kindes
auch zu einem ängstlichen, wütenden oder traurigen Kind?

④ Auch du warst schon einmal froh, traurig, wütend, ängstlich.
Erzähle davon.

Worüber wir uns freuen

① Worüber freuen Kinder sich?

② Frage ein anderes Kind, worüber es sich schon einmal gefreut hat. Spielt eure Geschichten zusammen vor.

③ Schaut euch ein Kind genau an, das sich freut (Gesicht, Arme, Hände, Körperhaltung). Achtet auch auf die Stimme.

④ Hätte das Kind überhaupt zeigen sollen, dass es sich freut?

Froh zu sein, bedarf es wenig

Text und Musik: volkstümlich

Jakob ist traurig

Vielleicht hat er eine Geschichte erzählt
und keiner hat ihm zugehört.
Vielleicht hat er ein Lied gesungen
und die anderen haben sich die Ohren zugehalten.
Vielleicht hat er Lust auf ein Schmalzbrot gehabt
und keiner hat ihn abbeißen lassen.
Es gibt so viele Dinge, die einen traurig machen.
Jakob ist aber nicht der Einzige, der traurig ist.
Der Kasperl auf der Bettdecke ist traurig.
Jakob sieht es genau.
Das Wasser im Badezimmer rinnt traurig.
Die Tür ist auch traurig.
Hört nur, wie sie knarrt: oj oj oj –
Und die Bäume im Park haben traurige Gesichter.
Jakob kann schauen, wohin er will.

Lene Mayer-Skumanz

1. Erzählt, was Jakob traurig gemacht haben könnte.
2. Versucht auf dem Xylophon darzustellen, wie sich Jakob fühlt.
3. Jakob zeigt, dass er traurig ist. Was könnten die anderen für Jakob tun?
4. Spielt es vor.

Angst haben

① Erzähle, was Kevin Angst macht.

② Kennst du noch eine Situation, in der Kevin Angst haben könnte?

③ Spiele sie vor. Achte besonders darauf, Kevins Angst auch sichtbar zu machen.

④ Wie fühlt sich Kevin, wenn er Angst hat? Was denkt er?

5 Überlegt euch in der Gruppe eine Lösung, was er in dieser Situation tun sollte.

6 Stellt eure Lösung dar.

Was uns Angst macht

Wenn es auf dem Boden knistert und knarrt,
wenn etwas leise hinter der Holzbeige* scharrt,
wenn der Himmel schwarz und dunkel ist,
wenn es donnert und blitzt,
wenn ein Stier uns entgegenrennt,
wenn es hagelt und brennt,
wenn der Sturm an den Läden rüttelt
und die Kronen der Bäume schüttelt.

Wenn wir durch einen Wald spazieren
und plötzlich die Richtung verlieren,
wenn hinter den Büschen Gespenster lauern
und hinter den Steinen Gestalten kauern,
wenn sich Riesen im Traum verstecken
und uns mitten in der Nacht wecken,
wenn uns die Mutter in den Keller schickt,
wenn vor uns ein Mäuslein erschrickt.

Max Bolliger

* Holzstapel

Was uns die Angst nimmt

Vater und Mutter und vertraute Gesichter,
im Dorf und in der Stadt die Lichter.
Die Sonne, die uns am Morgen weckt,
das Kätzchen, das sich in unserm Arm versteckt.
Im Bett Teddybären und Puppen,
Sterne, die durchs Fenster gucken.
Bruder, Schwester, Neffen und Nichten
und in der Schule die schönsten Geschichten.
Alles, was jeden Tag uns liebt
und am Abend uns Geborgenheit gibt.

Max Bolliger

Mut

Los, Michael! Los! Nun spring schon endlich! Micha hört die anderen rufen. Laut ist es und heiß. Ab und zu benutzt der Bademeister die Trillerpfeife. „He, Sie, Sie müssen eine Badekappe tragen!“
Oder: „Das Springen vom Beckenrand ist verboten!“, brüllt er.
Micha hört das Rufen des Bademeisters und die Stimmen der anderen: „Los, Micha, nun spring schon!“ Dann hört Micha nichts mehr.
Weit weg ist das platschende Geräusch des Wassers. Weit weg und undeutlich verschwommen ist auch das Stimmengewirr.
Tief, ganz tief unter sich sieht Micha das leuchtend blaue Wasser des Schwimmbeckens. Fünf Meter! Mensch, ist das hoch!
Micha schaut nach unten und bekommt Angst. Er schaut nach oben und er fühlt, wie ihn die große Kuppel des Hallenbades fast erdrückt.
Micha wird schwindlig.
„Los! Jetzt mach schon! Feigling, Feigling!“, schreien nun die anderen.
Langsam dreht sich Micha um. „Feigling!“, ruft auch Pitti, sein Freund.
„Selber einer“, sagt Micha, „spring du doch!“
Dann steigt er ganz langsam, Stufe für Stufe, die Treppe des Sprungturms wieder hinunter. „Na, das muss man auch können“, sagt eine Frau, die gerade vorübergeht. Micha schämt sich nicht mehr.
Erleichtert springt er vom Startblock.

Mechthild zum Egen

① Male Micha auf dem Sprungturm und seinen Freund Pitti im Wasser.

② Schreibe in Sprechblasen, was Micha und Pitti sagen.

③ Wie fühlt sich Micha auf dem Sprungturm?
Was denkt er? Was tut er, als auch Pitti „Feigling“ ruft?

④ War es richtig, dass Micha „Nein“ gesagt hat, oder hätte er springen sollen?
Wie geht es ihm am Ende der Geschichte?

⑤ In welcher Situation solltest du auch den Mut haben „Nein“ zu sagen? Spiele es vor.

Lotte und der Frosch

① Lest das Gespräch laut vor. Macht passende Geräusche dazu.

② Hat sich Lotte richtig verhalten? Und der Frosch?

③ Was sollte Lotte jetzt tun?

Weitersagen

Wenn ein Geheimnis mich bedrückt
und mich in meinem Bauch nur zwickt,
dann werd ich daran nicht verzagen,
ich werd es einfach weitersagen.

Wenn ein Geheimnis mir nicht so recht gefällt
und mich im Magen ständig quält,
dann werd ich daran nicht verzagen,
ich werd es einfach weitersagen.

Wenn ein Geheimnis mich befremdet
und mit heimlichen Tränen endet,
dann werd ich daran nicht verzagen
ich werd es einfach weitersagen.

Ursula Staudinger

Du, Mami, ich muss dir ein schlimmes Geheimnis sagen.

① Kennst du ein Geheimnis, das ein Kind „bedrücken" und „quälen" könnte? Wem würdest du dieses Geheimnis sagen?

② Wähle ein anderes Kind aus und spiele vor, wie du das bedrückende Geheimnis weitersagst.

③ Warum hast du gerade dieser Person das schlimme Geheimnis erzählt? Warum ist es wichtig, ein solches Geheimnis zu sagen?